PETITE BIOGRAPHIE

DES

MAIRES

DE LA VILLE DE DOUAI

Depuis 1790 jusqu'en 1861.

> Le Maire est un père de
> famille. . . . . .
>
> MONTESQUIEU.

—————•>—•<—————

DOUAI,

Chez MADOUX LUCAS libraire,

Coin des rues du Canteleux et de la Madeleine

— 1861. —

(Vᵉ ADAM, IMPRIMEUR.)

L

BIOGRAPHIE

DES

MAIRES DE DOUAI.

Par H. R. Duthilleul

(Lorny, II, 282)

PETITE BIOGRAPHIE

DES

MAIRES

DE LA VILLE DE DOUAI

Depuis 1790 jusqu'en 1861.

Le Maire est un père de
famille. . . . .

MONTESQUIEU.

————— ❦ —————

DOUAI,
Chez NADOUX-LUCAS, libraire,
Coin des rues du Canteleux et de la Madeleine.
— 1861. —

Vᵉ ADAN imprimeur a DOUAI.

DE L'ADMINISTRATION MUNICIPALE.

Avant la Révolution de 1789, l'administration municipale se nommait le MAGISTRAT, parce que, en outre
de l'édilité, elle exerçait, dans la ville, la haute, moyenne
et basse justice, ainsi que la police. Le Magistrat de
Douai était composé de douze échevins: le premier avait
le titre de CHEF, de deux conseillers pensionnaires, de
deux procureurs syndics, de deux greffiers et d'un receveur. Les échevins étaient nommés de treize en
treize mois, par huit électeurs, que choisissaient les
sortants. Ces électeurs prêtaient serment devant le
Gouverneur ou l'intendant de la province ; et puis on
les enfermait sous clef, dans une chambre, jusqu'à ce
qu'ils aient fait l'élection du nouveau magistrat. Cette
opération terminée, les nouveaux échevins prêtaient
aussi le serment.

Les conseillers pensionnaires, procureurs syndics ,

greffiers et trésoriers étaient des officiers permanents , attachés à l'échevinage pour le diriger dans la gestion des affaires.

Les jugements du Magistrat étaient mis à exécution par les Prévôts , et portés en appel devant la Gouvernance, sorte de juridiction qui correspondait à nos tribunaux de première instance.

Le décret du 14 décembre 1789, changea toute l'organisation du Magistrat. Il y eut alors un Maire , onze officiers municipaux , un procureur de la commune , un substitut du procureur , un secrétaire-greffier et un trésorier.

L'administration municipale avait en outre un conseil général composé de dix-huit membres que l'on qualifiait NOTABLES. Il y avait , dans la loi, des cas indiqués ou les Maire et officiers municipaux ne pouvaient se dispenser de les rassembler ; il était aussi permis à l'administration municipale de réunir le conseil général lorsqu'elle le jugeait convenable.

En 1795 , le conseil général de la Commune fut supprimé et l'administration municipale fut composée de sept membres.

Les choses restèrent ainsi jusqu'en 1800 où l'administration fut composée d'un Maire, de deux adjoints et d'un conseil de trente membres à la nomination du pouvoir.

Nous ne mentionnerons pas tous les changements qui ont eu successivement lieu dans les administrations municipales depuis cette époque jusqu'à la promulgation de la loi du 21 mars 1831, qui nous régit à présent, en ces matières, et qui n'a reçu que de très légères modifications.

En vertu de cette loi, l'administration municipale de Douai se compose d'un Maire, de deux adjoints et de vingt-sept conseillers municipaux.

Le Maire et les adjoints sont à la nomination de l'Empereur, qui peut les prendre en dehors des membres élus du conseil municipal.

TAFFIN DE GŒULZIN (1790).

Taffin de Gœulzin (César-Louis-François), né à Lille en 1756, fit ses études au collége d'Anchin et suivit les cours de droit de l'Université de Douai. Il fut reçu licencié en droit dans l'année 1778.

Le 24 février 1785, l'élection l'appela aux fonctions d'administrateur de l'Hôpital-Général.

La loi du 14 décembre 1789, ayant donné une nouvelle organisation aux municipalités, d'après laquelle la nomination des Maires et officiers municipaux était dévolue aux assemblées primaires, Taffin fut élu le 29 janvier 1790, maire de la ville de Douai. L'époque était grosse d'agitations et de troubles politiques qui n'allaient pas au caractère calme et modéré de cet homme simple et sans ambition, il se démit de ces fonctions le 23 novembre 1790.

Plus tard il fût membre du Conseil général du

département du Nord et président du collége électoral du canton de Douai (nord).

Il vécùt ensuite, jusqu'à sa mort arrivée le 31 mai 1826, entièrement étranger aux fonctions publiques.

Taffin de Gœulzin avait trois frères, tous quatre cultivaient la musique avec amour ; on les a entendus souvent à Douai , exécuter ensemble des quatuors d'une manière très remarquable.

Rappelons le fait suivant, qui honore la mémoire de cet homme de bien. En 1793 , l'église de Gœulzin fut mise en vente par l'Etat. Taffin, craignant qu'elle ne tombât entre les mains de la bande noire et ne fut, comme tant d'autres, démolie, en fit l'acquisition , et pour que sa pensée secrète de la conserver ne fut pas connue , il la transforma en grange. Lors du rétablissement du culte , il la loua à raison de 3 francs l'an à la commune , qui la rendit à sa première destination. Depuis ce temps , la location par baux de neuf années s'est continuée à la commune, sans que Taffin et sa famille aient jamais réclamé le prix du loyer.

BONNAIRE (1790).

BONNAIRE (Louis-Désiré-Joseph), né au Câteau-Cambrésis, le 3 janvier 1750, avocat au Parlement de Flandre le 27 juillet 1771, fut nommé en juillet 1788, professeur de la chaire de droit civil et canonique à l'Université de Douai, et bientôt après reçut le grade de docteur. Il exerça ces fonctions, avec distinction, jusqu'à la suppression des Universités. En 1790, il fut élu maire de la ville de Douai. Une émeute violente ayant éclaté le 15 mars 1791, à propos de l'exportation des grains, la municipalité, prit le 16, un arrêté qui prescrivait diverses mesures relatives au commerce des céréales. Un négociant, nommé Nicolon, ayant témoigné du mécontentement à propos de ces mesures, les turbulents se portèrent chez lui, on le saisit et on le traîna en prison, d'où il ne fut tiré que pour être pendu à la lanterne, avec un autre citoyen l'imprimeur Derbaix, qui avait pris sa défense. Le gouvernement rendit responsables de ces malheurs les maire, officiers municipaux et procureur de la commune. On les décréta d'arrestation et on ordonna qu'ils seraient conduits à Orléans. Avertis à temps, Bonnaire et ses collègues les officiers municipaux prirent la fuite. Quoique peu de mois après ils aient reçu l'autorisation de rentrer en France, Bonnaire, par crainte des réactions politiques, se retira à Wolfenbuttel d'abord, et puis à Brunswick, où il mourut en 1795.

ART (1791).

Aʀᴛ (Louis-Joseph) , né en 1743 , avait été reçu avocat au Parlement en 1767. Le 19 juillet 1791 , il fut nommé professeur de droit à l'Université, président du bureau d'administration du collège d'Anchin et président de l'Université. Le 14 novembre de cette année , il fut élu maire de Douai et se démit de ces fonctions le 12 mai 1793. Il est mort à Douai en 1797 (le 15 germinal an V).

Art était un jurisconsulte de savoir et un bon professeur, auquel cependant manquait la facilité de l'élocution.

Son passage à la mairie n'a été marqué par aucune mesure de quelque importance.

DELABUISSE (1792).

DELABUISSE (Jean-Baptiste-Joseph) , né à
Douai le 8 mai 1754, après avoir fait ses études
au collége d'Anchin , fut attaché à l'instruction
publique. En 1791 il était régent de cinquième
de ce collége ; en 1792 il en devint administrateur ; et cette même année il fut nommé officier
municipal.

Connu par ses idées progressives on l'appela
aux fonctions de maire de Douai en 1793. En
1796 , on le nomma aux fonctions de substitut
du commissaire du pouvoir exécutif près le tribunal criminel du département du Nord.

Il fit partie du Conseil des Cinq Cents en
1798.

Il fut nommé, vers 1800, procureur-général à
la cour de justice criminelle du département des
Deux-Néthes à Anvers. Delabuisse mourût dans
cette ville le 24 juin 1809.

DONDEAU (1794).

DONDEAU (Nicolas), ministre de la police générale sous le Directoire, était né à Fontaine-Denis en 1751. Principal du collége d'Anchin à Douai en 1782, avocat au Parlement en 1785, administrateur du département du Nord en 1791, commissaire national du collége en 1793 et à la fois commissaire national près le district de Douai, il fut nommé maire de cette ville le 17 octobre 1794 et donna sa démission en mars 1795. Il fut appelé en 1797, aux fonctions de chef de division à la police générale, par la protection de Merlin. Peu de temps après, le 13 février 1798, on lui confia le portefeuille de ce département, en remplacement de Sotin.

Sa conduite, pendant son ministère fut sage et modérée. Ses actes les plus remarquables sont les instructions qu'il donna pour la répression du libertinage et celles relatives aux troubles excités dans les spectacles par les agitateurs politiques. Les fonctions de ministre de la police n'allaient pas à Dondeau ; la rigueur n'entrait pas dans son caractère , et il fallait en montrer souvent : il se démit donc de ces fonctions.

Le 18 mars 1798, il fut appelé à celles d'administrateur des loteries. En 1800 , on le nomma juge au tribunal de Seine-et-Marne , il devint ensuite conseiller à la cour de Paris , et fut admis à la retraite le 17 janvier 1816.

WASTELIER (1794).

Wastelier d'Haillicourt (Jean-Baptiste-
Joseph), naquit à Béthune le 29 avril 1766.
Son père , Jean-Baptiste Wastelier de Busnes ,
ancien officier au régiment de Normandie , était
grand bailli des ville et baillage de Bapaume.
Resté orphelin en bas-âge , le jeune Wastelier
vint faire ses études au collége d'Anchin, et ensuite celles de droit à l'Université de Douai. En
1790 , il fut reçu avocat au Parlement de
Flandre.

Elu en 1792 officier municipal , on l'appela à
faire partie du bureau de la municipalité ; cette
position correspondait à celle d'adjoint au maire.
Deux ans après en 1794 , il fut nommé président de l'administration municipale; il cessa ses
fonctions en 1795 , et fut alors appelé à celles
d'administrateur des Hospices.

Patriote sincère de 1789 , partisan d'une liberté sage , fondée sur les lois, ennemi de la

licence , son administration fut calme et pleine de modération ; on peut juger de la rectitude et de la droiturc de ses principes par le discours qu'il prononça le 30 mars 1795 , lors de la fête de la Jeunesse (1) .

Wastelier resta longtemps ensuite étranger aux affaires publiques ; plus tard il entra dans la magistrature ; en 1811 , il était juge-suppléant au tribunal de Béthune.

Il est mort le 3 mars 1826 à son château de Gosnay, près Béthune.

(1) Imprimé chez Amable Wagrez , grande Place à Douai.

DESMOUTIERS (1795 et 1815).

DESMOUTIERS (Piat-Alexandre-Joseph), naquit à Douai le 6 janvier 1760, d'une des familles de cultivateurs les plus distinguées du pays. Pendant le temps qui s'écoula entre sa sortie des études et le moment où se manifestèrent les premiers symptômes d'une régénération sociale, Desmoutiers occupa ses loisirs de quelques spéculations commerciales et de travaux agricoles. Doué d'une âme chaleureuse, il embrassa les principes de la Révolution, avec ardeur, et dès la mise a exécution de la constitution de 1791, il fut élu administrateur du district de Douai et en même temps procureur syndic près le Directoire de ce district. En 1793, les électeurs le choisirent comme administrateur du département du Nord et ensuite comme procureur-général syndic près le directoire départemental. L'année 1795 le vit appeler aux fonctions de maire qu'il conserva peu de temps. Desmoutiers fut ensuite sans interruption membre du conseil d'arrondissement et du collége électoral de 1800 à 1815, et à plusieurs reprises, il a eu la présidence du conseil d'arrondissement. Quelques hommes de progrès, douaisiens de cœur, avaient vers 1810, conçu le projet de relever le commerce de la cité, autrefois si florissant ; Desmoutiers devait naturellement se trouver avec eux , il employa alors une partie de sa fortune à l'exploitation d'une fabrique de coton, à laquelle les événements de 1815 portèrent un coup funeste.

Napoléon , à son retour de l'ile d'Elbe en 1815, rappela Desmoutiers aux fonctions de maire qu'il avait remplies 20 ans auparavant, et le nouveau maire peu de jours après fut élu membre de la chambre des représentants. A la chûte de l'Empire il rentra paisiblement dans la vie privée , après avoir exercé pendant 27 ans des fonctions publiques élevées et presque toutes gratuites. Les quinze années de la Restauration s'écoulèrent sans qu'il reparut dans aucun emploi, autre que celui de président du Conseil des Prud'hommes de Douai de 1825 à 1829. Néanmoins on garde le souvenir de l'activité et de l'ardeur juvénile qu'il déployait lors de nos luttes électorales, si vives et si animées.

La Révolution de 1830 le fit rentrer au conseil municipal. En 1831 il fut nommé receveur particulier des finances de l'arrondissement de Douai. Il résigna ces fonctions quelques années après, parce qu'il ne voulût pas, à cause de son âge, accepter un changement de résidence.

Il est mort à Douai, en 1844, généralement estimé.

MELLEZ (1797).

Mellez (Antoine-Joseph) , né à Douai le 14 mai 1729 , d'une famille distinguée de la bourgeoisie , fut reçu licencié en médecine à l'âge de 20 ans et obtint peu de temps après une chaire de professeur à l'Université. Il fut successivement médecin-consultant à l'Hôpital-Militaire , médecin en chef de l'Hôpital-Général et Recteur de l'Université de cette ville. Animé d'un zèle ardent pour la science médicale , doué d'une grande aptitude à l'enseignement , il sut bientôt mériter la confiance et l'estime de ses élèves et de ses clients. On lui a dû la propagation de l'inoculation dans l'arrondissement de Douai. Pendant sa longue carrière , quoique appelé par son savoir à remplir plusieurs emplois politiques, il ne suspendit jamais l'exercice de sa profession de médecin, qu'il a honorée comme savant et habile praticien.

Mellez ayant perdu sa femme , dans un âge

peu avancé , en éprouva un tel chagrin qu'il sol-
licita une place de chanoine au Chapitre de St-
Amé. Il était pourvu de cette dignité ecclésiasti-
que lorsque la Révolution de 1789 s'annonça ;
elle lui sourit , comme à tous les esprits honnê-
tes et éclairés , parce qu'elle lui parût devoir
être grande et pure surtout. Appelé en 1790 à
la présidence de l'administration du district de
Douai , il devint bientôt président de l'administration centrale du département du Nord, et sous
l'empire de la constitution de l'an VIII , il fut
appelé aux fonctions de maire de Douai. Pendant qu'il était investi de ces fonctions , le pouvoir consulaire lui donnait une nouvelle marque
de confiance en l'appelant à la présidence de
l'assemblée électorale du canton-ouest de Douai.

Mellez mourût dans l'exercice de ses fonctions
de maire le 23 juillet 1804. Les derniers honneurs lui furent rendus à St-Pierre , avec une
pompe inusitée. Son éloge funèbre fut prononcé à
la maison commune par M. le docteur Taranget.

Sa famille lui a fait ériger un monument fort

élégant dans cette église , quoique ses restes aient été transportés au village de Gœulzin , à cause de son alliance avec la famille Taffin. Ses successeurs ont fait placer son buste et son portrait dans les galeries de notre Musée.

La Bibliothèque de Douai possède plusieurs manuscrits d'études médicales dûs à la plume du docteur Mellez.

DEFOREST DE QUARTDEVILLE (1804).

DEFOREST DE QUARTDEVILLE (Eugène-Alexandre-Nicolas), né à Douai le 22 juin 1762, descendait d'une ancienne famille parlementaire, qui s'était fixée à Douai lorsque la Cour du Parlement fut transférée de Tournai en cette ville. Fils et petit-fils de présidents à mortier au Parlement, il était par sa naissance destiné à la magistrature. Ses études furent donc dirigées de manière à lui ouvrir l'entrée de cette carrière, et il les fit avec un tel succès que, dès l'âge de 23 ans, en 1785, il était reçu avocat-général à la Cour. Il ne tarda pas à s'y faire remarquer par la solidité de son jugement et par les connaissances qu'il avait acquises. Il occupait ce poste élevé lorsque la Révolution vint l'arrêter dans sa carrière. Toute profonde que fut la douleur qu'il ressentit d'un état de choses qui le froissait dans ses affections, dans sa fortune et dans son avenir, il ne se plaignit point. Il se retira silencieusement dans la vie privée , se soumettant aux lois, vivant à l'écart des luttes politiques ; mais cette sage conduite ne put le préserver des persécutions. Sa position sociale le fit placer sur la liste des suspects. Il fut d'abord incarcéré à Douai , puis conduit dans les prisons de Conrpiègne, d'où il ne sortit qu'après le 10 thermidor.

Lorsque la tempête fut calmée, la modération, la sagesse dont il avait fait preuve dans les temps difficiles , le firent rappeler aux affaires. Le 16 décembre 1796 , le conseil général de la commune le nomma administrateur des Hospices; il fut élu le 27 mai 1800 , membre du conseil municipal, et l'Empereur en 1804, secondant le vœu de la population douaisienne, le donna pour successeur au respectable M. Mellez. Son administration toute paternelle dura huit années , et elle fut signalée par de sages mesures , par plusieurs établissements utiles et par d'importantes améliorations dans les diverses branches du service municipal. C'est à lui que l'on doit l'institution si utile des sapeurs-pompiers , qui date de 1805. En 1806 , Deforest était président du collége électoral de l'arrondissement de Douai.

Lorsque en 1811, l'Empereur créa les Cours impériales, Deforest fut appelé en qualité de conseiller à celle de Douai ; il devint président de chambre en 1813 et premier président en 1816.

Nommé député au Corps législatif en 1815, il fut réélu jusqu'en 1822. Au milieu des violences et des réactions politiques de la Restauration, Deforest conserva son calme et sa modéraration. Il fit partie de cette minorité courageuse, qui sut défendre la Charte et nos institutions contre les envahissements et les prétentions exagérées d'un pouvoir rétrograde.

Libre de toute préoccupation politique, Deforest vint reprendre ses fonctions à la Cour de Douai. Le roi voulant récompenser une vie aussi honorable et donner un témoignage de sa considération à la magistrature de Douai, éleva Deforest en 1837 à la dignité de pair de France. Il ne siéga que deux années dans la Chambre des pairs, car il succomba le 16 août 1839 aux suites d'une maladie dont depuis plusieurs années, il portait le germe.

Sa mort fut l'occasion d'un deuil profond dans toute la cité.

Deforest était commandeur de la Légion d'Honneur. Son éloge a été lu à la Société centrale d'agriculture , sciences et arts de Douai, en 1852.

Il était membre , depuis sa fondation , de cette Société académique , dont il eut pendant plusieurs années la présidence.

BOMMART (1811).

Bommart (Philippe-Alexandre-Louis) , né à
Douai le 25 octobre 1750 , d'une famille honorable, s'occupa de bonne heure d'études relatives
à l'architecture et aux travaux publics. De 1787
à 1798, il eut l'entreprise des travaux des forti-
fications de la place de Douai. Elu membre du
conseil de la commune le 7 janvier 1794 , le
Premier Consul le nomma le 1er août 1800 , adjoint au maire , fonctions qu'il remplit pendant
onze années. L'Empereur l'appela à celles de
maire le 21 août 1813 , il les conserva jusqu'en janvier 1815 , époque à laquelle ses infirmités l'obligèrent à donner sa démission.

De 1800 à 1813 , Bommart fut presque
exclusivement chargé de la direction des travaux
de la commune. Les temps révolutionnaires avaient
rendu cette partie de l'édilité difficile et même
pénible ; il fallait déblayer les ruines , accumu-

lées par le marteau démolisseur , il fallait dispo-
ser , ordonner , rendre à l'utilité publique les
terrains laissés vides par les destructeurs. Il s'ac-
quitta avec un zèle et un dévouement sans relâ-
che de la rude tâche qui lui était imposée. On
lui doit le déblai et la plantation des places publiques , la construction de plusieurs édifices ,
l'établissement du champ de foire sur la grande
Place , la construction de l'ancienne grande salle
de l'Hôtel-de-Ville , telle qu'elle était avant les
derniers travaux ; le pavement de plusieurs rues
et la construction d'aqueducs ; l'organisation du
service des pompes à incendie , la suppresssion
des puits qui se trouvaient sur la voie publique ;
une restauration de la salle des spectacles ; l'établissement de l'école gratuite de musique ; la
réorganisation de l'école d'architecture et le développement de toutes les autres écoles municipales. On lui doit, en outre , plusieurs règlements
fort sages, entre autres ceux sur la boulangerie ,
la police de la salle de spectacles et celles des
marchés.

Bommart a rendu un autre service éminent à

la cité, en ordonnant la classification des archives de la commune, et en s'associant lui-même à ce travail. Dans l'impossibilité où ses infirmités l'avaient mis d'aller explorer les archives à l'Hôtel-de-Ville, il en faisait apporter chez lui de volumineuses liasses qu'il dépouillait et classait avec la plus scrupuleuse attention. Ce premier travail a beaucoup facilité celui de M. Guilmot, qui a rétabli un ordre parfait dans ce précieux dépôt.

Voué à l'étude des sciences philosophiques et humanitaires, Bommart a consacré une partie de sa longue et honorable carrière au maintien et au progrès d'une institution philanthropique, dont on parle peu de nos jours. Il est mort à Douai entouré de la vénération publique le 30 décembre 1818.

Ses fils et petits-fils se sont distingués dans l'exercice de fonctions gratuites, par dévouement pour la cité.

〜〜〜〜

BECQUET DE MÉGILLE (1815).

BECQUET DE MÉGILLE (Pierre - Meurant - Va-
léry-Joseph), naquit à Lille, le 13 janvier 1771,
d'une famille qui appartenait à la magistrature
douaisienne ; il vint au monde après la mort de
son père. Il avait atteint l'âge des études gra-
ves, lorsque la révolution éclata et le priva des
moyens de s'y livrer avec l'aptitude qui l'y ren-
dait propre. Au moment où la France appelait
tous ses généreux enfants sous les drapeaux,
Becquet s'empressa de s'y ranger ; il s'enrola
dans le 5ᵉ régiment de hussards, avec lequel il
fit la campagne de Hollande. En 1805, il était
capitaine dans la garde nationale de Douai ; il
marcha, à la tête de sa compagnie, pour défendre nos côtes que les Anglais menaçaient. De
retour de cette expédition, il fut nommé chef de
cohorte ; peu de temps après, administrateur des
Hospices, conseiller municipal, et en 1812 adjoint au maire. Pendant les Cent Jours Becquet

ne prit aucune part à l'administration des affaires publiques , mais au retour de Louis XVIII , il fut appelé aux fonctions de maire de la ville de Douai. Pendant douze ans il exerça ces pénibles et honorables fonctions avec un zèle infatigable et un dévouement à la cité qui ne s'est jamais démenti. On lui doit la fondation de l'école de dessin broderie , dont l'utilité et les heureux résultats sont aujourd'hui appréciés de tous ; celle du cours de géométrie et de mécanique appliqués aux arts et métiers ; il contribua puissamment à l'accroissement de notre riche Musée. Sous l'administration de Becquet , les expositions des objets d'arts et d'industrie prirent un nouvel éclat ; il fut l'un des fondateurs de la Société des Amis des Arts en 1821 , la première formée en France, après celle de Paris et qui assura le succès de ces expositions ; cette société a servi de modèle à to tes celles qui depuis se sont formés dans les départements.

C'est sur l'initiative de Becquet que la rue actuelle de Jean de Bologne , a pris le nom de notre célèbre statuaire. — Il a fondé un *grand prix* perpétuel en faveur de l'élève de nos écoles académiques, qui, dans les hautes sections des diverses écoles, se sera le plus distingué par ses progrès et par sa bonne conduite.

Nommé sous-préfet de l'arrondissement de Douai en 1828, il conserva ces fonctions jusqu'en 1830 et sut se concilier l'affection générale dans ces temps difficiles. On le destitua à cette époque, et il dut son remplacement à ceux qui lui avaient rendu deux ans plus tôt, la justice de le faire nommer. Cette destitution imméritée l'affligea profondément. Ses concitoyens cherchèrent à lui témoigner affectueusement le regret qu'ils éprouvaient de sa disgrâce, en l'élisant de nouveau membre du conseil municipal ; mais cette ingratitude flagrante l'avait frappé au cœur : il mourut le 26 juillet 1837.

Becquet s'était livré avec ardeur à l'étude des sciences ; l'histoire naturelle, la philosophie, la numismatique et principalement la physique expérimentale occupaient ses loisirs. Il a fait quelques découvertes qui, sans avoir une haute portée,

montrent un esprit d'observation et une grande
sagacité.

Pendant le cours de sa carrière administrative , Becquet avait été décoré des ordres de la
Légion d'Honneur, de Danebrog de Danemarck
et de l'épéron d'or de Rome. Il appartenait à
plusieurs sociétés savantes.

Homme d'esprit et de savoir , administrateur
vigilant , plein d'aménité et de bienveillance ,
Becquet avait puisé dans le cours de ses diverses
carrières une facilité de caractère qui l'avait rendu
cher à tous ceux qui l'ont connu.

WARENGHIEN (baron de) (1829).

WARENGHIEN (Louis-Philippe-François, baron de), naquit à Douai le 5 août 1771 , d'une ancienne famille du comté de Flandre ; il fut envoyé de bonne heure à Paris , au collége des Quatre-Nations , pour y faire ses études. Là au milieu d'une jeunesse d'élite , son nom fut chaque année proclamé comme lauréat. En 1790 il obtint le diplôme de licencié en droit à l'Université de Douai. Il était inscrit depuis deux ans sur le tableau des avocats du Parlement , lorsqu'en 1792 s'organisèrent les administrations départementales. On le nomma alors chef du bureau du contentieux à Douai , et la même année membre de l'administration des Hospices. En cette dernière qualité il rédigea, de concert avec l'illustre jurisconsulte Merlin , qui occupait les mêmes fonctions, les réglements des établissements de charité que l'on venait de réorganiser. De Waren-

ghien cumulait ces fonctions et celles d'administrateur du collége des Écossais.

Le 28 octobre 1792, il entra comme aide ou
adjoint dans le corps des commissaires des
guerres, et débuta à la bataille de Jemmapes,
comme attaché à l'état-major du général en chef
Dumouriez.

Après la campagne du Nord de 1793, **De
Warenghien** fut envoyé à Douai pour y exercer
les fonctions de commissaire des guerres. La
position était difficile, le service était pénible,
rigoureux, compliqué. Il s'opposa de toutes ses
forces aux violences révolutionnaires et fut assez
heureux pour garantir la liberté et la vie à quelques personnes et entre autres à Regnault de
Saint-Angely, qui le rappelait avec reconnaissance, lorsqu'il fut parvenu aux hautes fonctions.
Ces dispositions d'humanité le rendirent suspect
à la tyrannie sanguinaire et ombrageuse de
Joseph Lebon. Il fut arrêté et enfermé dans la
maison des Filles de la Providence, rue des Mal-
vaux ; mais bientôt après rendu à la liberté.

Successivement commissaire des guerres de 2e et de 1re classe, il sut se conquérir un rang distingué parmi les administrateurs les plus remarquables de l'armée. Il fut employé dans l'est et le centre de la France, en Hollande, en Allemagne. Plusieurs fois il fut appelé, par interim, à exercer les fonctions d'ordonnateur des guerres, et celles d'inspecteur aux revues ; toujours il fut à la hauteur de ces importantes fonctions. Il se distingua principalement à Munster, lors de la malheureuse retraite de Russie.

Après Waterloo, De Warenghien, comme tant d'autres, fut victime des réactions politiques ; on mit ses services en oubli, il fut placé dans le cadre de non activité. Plus tard, afin de ne point être taxé d'une ingratitude complète, on le nomma sous-intendant militaire, chevalier de la Légion-d'Honneur et de Saint-Louis ; et pour ne pas l'employer, on le mit à la retraite.

Mais son amour du bien public le rappela aux affaires. En 1828, il accepta les fonctions d'adjoint au maire, et en 1829, il fut honoré de celles de maire. Pendant le cours de son administration il prit des arrêtés utiles, essentiels pour la police des marchés, pour l'application de la vaccine ; il réglementa les moyens de circulation ; poursuivit les concussionnaires des deniers publics ; fit paver quelques-unes de nos rues ; exécuter d'importantes réparations à la salle des spectacles et contribua à son ornementation. Il fit rouvrir l'école d'enseignement mutuel, que l'on avait fermée. Ses réglements relatifs à l'exercice de la profession de boulanger, au service de l'octroi reçurent l'approbation générale.

Il fut le fondateur de la Société de l'industrie ; fit établir en divers lieux des boites fumigatoires pour les noyés, agrandir le cimetière commun ; et fit faire de grandes réparations au Musée et à la Bibliothèque. Enfin il avait commencé la publication d'un recueil, qui aurait été d'une grande utilité pour les habitans de Douai, celui des arrêtés municipaux qui doivent les intéresser, leur faire connaitre leurs obligations et la limite de leurs droits.

En 1830, De Warenhgien rendu encore une fois à la vie privée , fut alors repris avec plus d'ardeur de l'une des passions de sa vie, de celle des livres. Bibliophile éclairé, érudit , esprit fin et délicat , il oublia dans l'intérieur de sa précieuse bibliothèque , les hommes et leurs injustices. Cependant il ne renonça pas encore à se rendre utile à la cité. Il était vice-président des Sociétés des amis des arts et de l'industrie , administrateur de la Caisse d'Épargne , membre de la commission de la Bibliothèque , de la Société centrale et impériale d'agriculture , et malgré ses 83 hivers il assistait régulièrement aux séances et aux commissions de ces diverses institutions.

Avant sa mort il a fait des dons divers à la Bibliothèque et au Musée.

De Warenghien est mort en 1854 , au milieu des regrets de sa famille et de tous les habitants de la cité.

MALOTAU DE GUERNE (le comte de).

Malotau de Guerne (le comte Auguste),
naquit à Douai le 7 mars 1785 , d'une famille
respectable ; depuis l'érection du Parlement de
Flandre à Douai, ses membres y occupaient des
fonctions. Cette famille originaire de la Saxe
était venue , par suite de persécutions religieuses, s'établir dans le comté de Namur , vers le
XVe siècle ; elle y avait acquis une haute considération, et s'était plus tard fixée dans le Tour-
naisie où la considération qui l'entourait l'avait
suivie. Le père d'Auguste de Guerne était président à mortier au Parlement de Flandre, ainsi
que l'avaient été son aïeul et son bisaïeul. La
Révolution arriva avant que son âge permit de
le livrer à des études sérieuses. Tous les établissements consacrés à l'instruction publique étant
alors fermés, ce ne fut que lorsque M. Fouquay,
de mémoire vénérée, eut fondé sa maison d'édu-
cation, que l'on put retrouver les moyens d'ins-

truction. De Guerne entra l'un des premiers dans l'institution Fouquay. Ses dispositions pour l'étude des sciences exactes se manifestèrent tout d'abord ; il y fit de rapides et remarquables progrès. Le goût de l'architecture et des constructions se montra chez lui dès cette époque : goût qui, plus tard, contribua si puissamment à l'embellissement de la ville, à la facilité de ses communications intérieures, à la construction de monuments d'utilité publique.

Auguste De Guerne avait atteint sa 23e année, lorsque en 1808, il fut désigné au choix du souverain et nommé conseiller de préfecture du département de Jemmapes à Mons. Chargé spécialement, en cette qualité, de ce qui se rattachait aux travaux publics, il déploya dans cette mission toutes les connaissances qu'il avait acquises, un zèle et une activité qui ne se lassèrent point pendant le cours de cinq années.

A la suite des déplorables événements de 1813 et 1814, la Belgique ayant été séparée de la France, De Guerne devait, pour conserver sa qualité de Français prendre une cocarde étran-

gère. Les sollicitations furent vives et pressan-
tes pour l'y déterminer, il en vint même de
très haut ; mais il n'y avait pour lui ni titres ,
ni honneurs qui valussent le beau nom de Français , il le conserva. Il continua d'habiter la ville
de Mons , où il reprit ses études favorites des
sciences mathématiques.

Il était depuis peu de temps revenu en France,
lorsque Napoléon rentra aux Tuileries le 20 mars
1815. La sous-préfecture de Boulogne était
d'une grande importance, vu la position de ce
port en face de l'Angleterre, et il y fallait un
homme fort de caractère et de principes inflexi-
bles, l'Empereur choisit Auguste De Guerne.
La situation était difficile, la population mal
disposée pour l'Empire, parce que ses intérêts
souffraient de l'état de guerre ; cependant le
jeune administrateur sut s'en faire aimer. Il tint
debout à Boulogne le drapeau tricolore, après
Waterloo, tant qu'il le pût ; et le jour où Bour-
mont lui donna l'ordre de le remplacer par le
drapeau blanc, il quitta Boulogne, au milieu des
regrets de cette population qui lui avait été

presque hostile à son arrivée et qui avait su l'apprécier et par suite l'aimer. Longtemps les Boulonnais et les Calaisiens conserveront son souvenir.

Rentré à Mons dans le sein de sa famille, il ne tarda pas à recevoir de nouvelles et brillantes offres de service au nom du roi Guillaume, qui lui fit proposer une place de préfet ou de gouverneur d'une des provinces méridionales de ses Etats. Les motifs qui l'avaient déterminé à refuser des fonctions chez l'étranger l'année précédente, ne pouvaient avoir perdu leur puissance, il refusa pour *rester français.*

Pendant quinze ans il demeura éloigné de l'administration de la chose publique, toujours livré à ses études chéries, occupé de sa bibliothèque, de sa belle galerie de tableaux, ou au milieu de son intéressante et nombreuse famille ; seulement il apparaissait dans les luttes électorales, lorsqu'ils s'agissait de soutenir les élections des candidats constitutionnels, défenseurs de la Charte et des libertés publiques.

L'entrée aux affaires, des hommes qui étaient restés constamment et courageusement attachés aux principes 'constitutionnels sous la Restauration devait être un des premiers résultats de la révolution de Juillet, aussi dès le commencement d'août 1830, le comte De Guerne fut-il au nombre des députés envoyés par la ville de Douai à Paris, pour féliciter Louis-Philippe sur son avénement.

Désigné au pouvoir, par la cité toute entière, De Guerne fut bientôt nommé maire de la ville de Douai. Pendant sept ans il conserva ces fonctions au milieu des difficultés des temps et des tracasseries que lui suscita l'esprit de parti. Non vaincu, mais sentant qu'il lui était impossible de faire tout le bien qu'il s'était promis, incessamment en butte à des hostilités combinées par diverses factions, il se démit de ses fonctions au regret de la majorité de la population.

Son administration fut marquée par des mesures importantes dont nous rappelerons quelques-unes.

Le pavement des rues des Canonniers , du Frais-Marais , du Champ-Fleury , de l'Abbaye-de-Sin , de St-Benoit , de la place St-Vaast (en partie), de la route du Fort à Roost.

La construction de l'abattoir.

L'agrandissement du cimetière.

L'établissement de l'école normale primaire.

Celui des salles d'asile.

Celui de la caisse d'épargne.

La construction d'aqueducs.

Celle de la belle salle supérieure du Musée , consacrée à l'histoire naturelle.

L'exécution du fronton de l'Hôpital-Général.

La restauration des bâtiments communaux.

L'assainissement et la propriété des rues accrues.

L'établissement d'un marché général aux bestiaux.

Disons encore que , par des arrêtés particuliers , il a rappelé à des fonctions gratuites des hommes que des rancunes ou des vengeances

particulières en avaient violemment écartés ; qu'il
a fondé un cours de botanique appliqué à la
médecine, à l'agriculture et aux arts ; qu'il a
réglementé les marchés aux poissons et aux bestiaux. Ce fut pendant son administration que le
choléra vint fondre sur nous. De Guerne dans
cette douloureuse circonstance montra autant de
zèle que de dévouement, et une charité ardente
que relevait une grande modestie.

Ce fut le comte De Guerne qui eut la première
pensée de la création de la promenade de St-Jacques.

Nous devons à De Guerne l'acquisition de la
belle et riche collection d'objets d'antiquités
romaines du vénérable curé de Bavay, Carlier.
Nos voisins d'outre-mer enviaient cette précieuse
collection, l'or des Anglais était pret pour l'ac-
quérir, il manquait à la ville de Douai ; De Guerne
ouvrit généreusement sa bourse, prêta sans intérêts à la caisse munipale et nous rendit possesseurs
de ce trésor.

Il fonda une rente perpétuelle pour la distri-

! ution annuelle d'une médaille d'or, au meilleur élève de nos écoles académiques.

De Guerne avait été décoré de l'Etoile de l'Honneur; il était membre du Conseil général du département , membre de la Société centrale d'agriculture, sciences et arts du département du Nord, du Conseil académique, et de la *Réunion des Enfants du Nord.*

Retiré des affaires publiques, sa belle galerie de tableaux, sa curieuse bibliothèque furent de nouveau les sujets de ses soins assidus ; il s'occupa activement de rendre aussi complète que possible la collection spéciale, empreinte de son amour pour sa ville natale, qui doit se composer de tous les ouvrages sortis des presses douaisiennes.

C'est au milieu de ces paisibles travaux que sa mort vint le frapper le 12 septembre 1845.

A la triste annonce de cette mort inattendue, toutes les classes de la cité s'émurent, et même ceux des hommes qui, parmi elles, s'étaient montrés hostiles à cet administrateur respectable.

Partout des regrets, en beaucoup de lieux des larmes ; il avait fait tant de bien, avec tant de modestie, avec tant d'amabilité, avec tant de discrétion.

Une foule immense accompagna ses restes vénérés au dernier séjour. M. le Président Danel prononça d'éloquentes paroles d'adieu sur sa tombe.

Un tribut à la mémoire du comte De Guerne fut aussi payé par nous dans le sein de la Société académique de Douai.

DELECROIX (1837).

DELECROIX (Ignace-Joseph), officier de l'ordre impérial de la Légion-d'Honneur, naquit au village de Rombies, arrondissement de Valenciennes, d'une bonne famille de cultivateurs, le 13 avril 1763. Envoyé au collége d'Anchin, il y avait fait de solides études, à la suite des quelles il se destina au barreau. Son cours de droit fut couronné d'un beau succès ; il ne voulut se présenter pour être inscrit comme avocat au Parlement que lorsqu'il eut obtenu le diplôme de docteur en droit ; cependant à l'âge de 21 ans, il figurait sur le tableau de l'ordre.

En 1788, à la suite d'un concours ouvert à cet effet, il fut nommé professeur d'histoire à l'université de Douai. Le prospectus du cours de la première année de son professorat est un modèle de méthode pour l'enseignement historique.

En 1791 l'administration départementale du Nord le choisit pour remplir les fonctions de chef des bureaux de charité, de bienfaisance et d'instruction publique. La même année il fut appelé à une chaire de droit à l'université ; le 24 septembre 1792 nommé administrateur de l'Hôpital général.

Lors de la conquête de la Belgique, li devint substitut de l'agent national de l'administration centrale, fonctions fort importantes alors. Les services qu'il rendit dans cet emploi révélèrent sa haute capacité, aussi fut-il bientôt après nommé commissaire près le tribunal du département de la Dyle.

Le jour même où Lambrecht entrait, comme ministre, au département de la justice, il y appelait Delecroix, avec la qualité de secrétaire général, position que celui-ci occupa douze ans. Ses travaux pendant ce laps de temps furent considérables et sa santé en souffrit ; le grand juge duc de Massa, lui offrit une place de repos à la Cour de cassation ; il la refusa par modestie et ne voulut accepter que celle de conseiller à la cour impériale.

Les réactions politiques de 1815, vinrent le frapper, comme tant d'autres ; on le mit à la retraite avec le titre de conseiller honoraire. Il supporta cette disgrâce avec calme et résignation et se fit inscrire au tableau des avocats de Paris. Revenu à Douai en 1826, il y prit rang au barreau de Douai et bientôt ses collègues le choisirent comme bâtonnier de leur ordre, fonctions qu'il conserva, par des réelections successives jusqu'à sa mort. Il fut quatorze fois réélu.

Nommé adjoint au mairie de Douai en 1828, il en exerça les fonctions jusqu'en 1837, époque à laquelle, contre son vœu, il fut appelé à celles de Maire, par suite de la démission de M. de Guerne. Cet homme de bien, qui avait conservé les habitudes et les vertus patriarchales mourut dans ses fonctions municipales le 8 mai 1840, entouré de la vénération et des regrets de tous

La ville lui fit faire de belles funérailles et lui fit ériger un monument au cimetière commun.

Par exception, quoiqu'il appartint à la paroisse St-Jacques le service fut célébré dans l'église de St-Pierre, où se font les grandes cérémonies publiques.

HONORÉ (1840).

HONORÉ (Adrien-Amé), né à Douai le 16 octobre 1793, après avoir fait des bonnes études dans l'institution Fouquay et au Lycée de Douai, fut envoyé à Paris pour y faire son cours de droit. Reçu licencié et avocat en 1814, docteur en droit en 1815, il vint exercer sa profession à Douai et prit bientôt un rang distingué au barreau de la cour. Appelé en 1830 au conseil municipal, où l'élection l'a toujours maintenu depuis lors, la place de Maire lui fut offerte en 1840, à la mort de l'honorable Delecroix.

Il l'accepta et s'y dévoua entièrement. A l'amour de la cité se joignait en lui un profond désir d'améliorations que lui inspirait l'état de certaines affaires ; mais il rencontra des obstacles à l'accomplissement de ses vues sages et généreuses et se démit de ses fonctions.

M. Honoré a fait partie du conseil académique de 1830 à 1848 ; il est membre honoraire de la

Société impériale et centrale d'agriculture, sciences et arts du département du Nord.

Il a repris son honorable position au barreau de Douai, il en a été plusieurs fois bâtonnier et il en est aujourd'hui le doyen. Depuis 1840, il est en même temps juge suppléant au tribunal de première instance et depuis 1854 membre du conseil de l'assistance publique.

C'est M. Honoré, qui étant Maire a créé la commission administrative de la Bibliothèque et à qui l'on doit l'arrêté pour l'impression du catalogue de cette même bibliothéque; M. Honoré est aujourd'hui membre de cette commission. Avant que M. Honoré eut créé une commission spéciale, la bibliothéque était administrée par la commission du Musée.

On doit aussi à M. Honoré un règlement pour le service de la bibliothéque et un arrêté pour le service de l'octroi.

Il est toujours resté membre du conseil municipal et a été réélu en 1860.

La première pierre du nouveau lycée impérial

a été posée par M. Honoré le 26 octobre 1840.
Cet établissement est un des plus beaux de ceux
consacrés en France à l'instruction publique. On
peut être fier d'avoir attaché son nom à la construction d'un semblable édifice.

EVAIN (1843).

Evain (Auguste), né le 27 janvier 1779 à Angers, entra au service militaire en 1799. Il prit part aux grandes luttes de cette époque de combats et de gloire. A la bataille d'Eylau en 1807, distingué par son courage au milieu d'une armée de braves, il reçut des mains de l'Empereur la décoration de la Légion d'Honneur. Capitaine d'artillerie on lui confia à Moscou la tâche difficile et périlleuse de faire sauter le Kremlin. Il fut grièvement blessé dans sa retraite de Russie.

Attaché, lors de la paix aux grands établissements d'artillerie, il dirigea successivement les importants arsenaux de Metz et de Douai. Il était à la tête de celui-ci lorsqu'en 1830 l'heure de la mise à la retraite sonna pour lui. Il comptait alors 40 ans de services effectifs et 12 campagnes; il avait assisté à douze batailles rangées et à grand nombre de combats; il était colonel, commandeur de la Légion d'Honneur et chevalier de St-Louis.

Evain s'était marié à Douai et était devenu fils adoptif de cette cité.

Une nouvelle carrière s'ouvrit alors devant lui. Appelé à faire partie du conseil municipal, il s'y distingua par son zèle et son aptitude aux affaires administratives

Le poste difficile de maire vint à vaquer, Evain l'accepta par dévouement à la ville, les temps étaient pénibles, pleins d'agitation. Ses manières aimables, conciliantes calmèrent les esprits, son dévouement lui conquit l'estime générale.

En 1848 Evain avait été élu membre du conseil d'arrondissement.

La ville lui doit l'éclairage au gaz; l'achèvement de notre beau Lycée et la restauration de la salle des spectacles.

On lui doit aussi la fondation de la caisse d'Epargne. l'organisation de l'association de la Légion d'Honneur.

Et de plus la création de la caisse des secours mutuels pour les ouvriers, qui est sans nul doute

son plus beau titre à la reconnaissance des Douaisiens.

C'est sous l'administration éclairée d'Evain
qu'a été proposée et votée l'impression du catalogue des manuscrits de la bibliothéque de la
ville.

L'affaiblissement de sa santé le contraignit à
renoncer à ses fonctions de Maire. Il s'en démit
et à peu de temps de là, s'éteignit dans les bras
de sa famille, honoré et regretté de toute la cité.

CHARTIER (1847).

CHARTIER (Prosper), né à Douai le 28 août 1804, après avoir fait de sérieuses études au Lycée de Douai, fut reçu à l'école polytechnique vers la fin d'octobre 1823. A la fin de ses cours, il ne fit choix d'aucune des carrières que lui ouvrait cette éminente institution, et revint dans sa ville natale où il se livra à l'industrie. Il prit la direction, de l'importante verrerie, qui avait été exploitée, avec tant de succès, pendant de longues années, par son père et aux travaux de laquelle ses connaissances et son activité donnèrent une nouvelle impulsion.

Au commencement de 1846 M. Chartier fut nommé président du conseil des Prud'hommes et membre du Comité d'instruction primaire.

Conseiller municipal en 1846, à compter du 3 août 1847, il fut désigné pour exercer les fonctions de Maire par interim; et le 29 septembre, il était nommé Maire. Il se démit de cet emploi en 1848.

Pendant son passage à la mairie M Chartier a pris des arrêtés :

Sur la location des places aux marchés publics.

Sur la police des inhumations.

Sur la constitution des écoles municipales académiques.

Sur l'administration intérieure du Musée.

Depuis 1848, M. Chartier est resté éloigné des fonctions publiques, se consacrant entièrement aux soins et à la prospérité de sa belle usine, et au développement de ses relations commerciales.

Il a épousé la fille du brave et honorable général de division Lahure, membre du Corps législatif. qui durant plusieurs années a commandé le département du Nord et dont le nom est resté en grande considération dans la population douaisienne.

DAVID (1848).

Davids. Auditeur au Conseil d'Etat, sous-préfet de l'arrondissement de Douai le 30 mars 1846, en remplacement de M. Poisson, cessa ses fonctions en 1848.

Bientôt après M. David fut nommé colonel de la garde nationale de Douai et à peu de temps de là Maire de cette ville.

Il devint Préfet du département du Nord en 1849.

LEROY (1849).

Leroy (Emile), né à Lapugnoy près Béthune, département du Pas-de-Calais, le 28 janvier 1796. Après avoir fait de bonnes études, il fut reçu licencié en droit à Paris et devint en 1820, avoué à la Cour de Douai.

Ayant quitté ces fonctions. il préta serment comme avocat devant cette cour.

En 1846 il était membre du Comité consultatif de charité pour l'arrondissement de Douai.

Appelé aux fonctions de Maire de la ville de Douai en 1839, il s'en démit en 1852.

On doit à M. Leroy les règlements municipaux suivants :

Sur le balayage et l'arrosage des rues, places et marchés

Sur l'administration de l'entrepôt des sucres indigènes.

Sur la police des marchés aux bestiaux

Sur les chargements et déchargements des bâteaux, naviguant sur la Scarpe.

C'est sous l'administration de M. Leroy que fut replantée la place de St-Vaast.

Il a fondé généreusement de ses deniers un prix spécial, en faveur du cours d'architecture industrielle, pour l'élève qui présenterait la plus utile application sur la matière des études de ce cours.

La population douaisienne a vu avec regret M. Leroy quitter les fonctions de Maire ; car elle avait su apprécier son zèle, son dévouement aux intérêts de la cité et sa parfaite urbanité.

Comme avocat, M. Emile Leroy est auteur d'un mémoire très remarquable , adressé au ministre de la justice et des cultes en 1840, en faveur des religieuses de sainte Agnès de Cambrai, de la maison fondée par le vénérable archévêque Vanderburch.

Il a écrit une intéressante notice sur feu Pilate-Prévost, secrétaire en chef de la mairie de Douai.

MAURICE (1852).

Maurice (Jules), né à Valenciennes le 20 juin, 1808, a été reçu avocat à Douai le 9 octobre 1830. Il entra de bonne heure dans les fonctions administratives, car il était nommé Maire de la commune de Brebières (Pas-de-Calais) en 1837, fonctions qu'il exerça jusqu'en 1842.

En 1847, il fut appelé à siéger au tribunal de première instance de Douai en qualité de juge suppléant, et en 1848 au conseil municipal.

Par suite de la démission de M. Leroy, M. Maurice fut nommé Maire de Douai en 1852, et il conserva ces fonctions jusqu'en août 1860 où il les résigna. Élu en 1852 membre du conseil général du département du Nord, il n'a pas cessé d'en faire partie depuis cette époque.

Il appartient au conseil académique dès 1853.

Un décret du 2 avril 1853 l'appela à la présidence de la Société générale des secours mutuels de Douai.

En 1855, M. Maurice eut celle de la commission de surveillance de l'Ecole normale ; il obtint le titre d'officier d'académie en 1859.

Il a fait partie de la garde nationale de Douai de 1831 à 1850; il en était capitaine à cette époque.

M. Maurice fut décoré de la Légion d'Honneur de la main de l'Empereur le 23 septembre 1853, lors du passage à Douai de S. M.

Il s'était entièrement consacré à ses fonctions de Maire, et il a déployé dans leur exercice un zèle très éclairé et un dévouement à la chose publique qui ne se sont jamais démentis.

Les arrêtés et règlements suivants ont été pris pendant la gestion administrative de M. Maurice :

Règlement sur le logement des troupes
Arrêté relatif aux édifices consacrés au culte.
Règlement relatif aux saltimbanques, baladins, chanteurs, etc.

Sur les logeurs et loueurs en garni.

Pour l'extinction de la mendicité.

Sur l'administration de l'entrepôt réel des sucres.

Sur l'Ecole de natation.

Sur les débits de boissons.

Organique du corps des Sapeurs Pompiers.

Sur la police du marché aux grains.

Sur l'octroi municipal.

Sur la police de la voie publique.

Pour la repression de la fraude sur la vente des marchandises.

Sur le marché aux veaux.

Sur la profession des fripiers.

Sur la salubrité publique.

Sur la police des mœurs et des maisons de tolérance.

Relatif aux constructions sur la grande voirie.

C'est pendant le cours de l'administration de M. Maurice qu'a été formée la belle promenade St-Jacques (1) :

(1) La pensée première en est due à M. Malotau de de Guerne.

Qu'a été approprié à sa nouvelle destination le bel hôtel académique.

Construit le bâtiment de l'entrepôt de sucres.

Qu'ont été élevés la seconde aile de notre hôtel de ville et les bâtiments adjacents au sud.

Commencé les grands travaux pour l'agrandissement du Musée et de la Bibliothéque, et la partie du Lycée dit le Petit Collége.

Qu'ont été entrepris de grands travaux aux égouts, aux pavés, aux trottoirs ; placés les candelabres pour l'éclairage au gaz

C'est aussi sous son administration qu'a été votée l'exécution d'un buste en marbre de notre célèbre compatriote Marceline Desbordes-Valmore ; que deux de nos rues ont pris les noms de deux nobles enfants de la cité les généraux Durutte et Scalfort. Nous faisons des vœux pour que l'administration actuelle ne s'arrête pas dans cette voie et que bientôt les noms de Marceline Desbordes et du général Delcambre décorent deux autres de nos rues. Pourquoi l'une d'elles ne porterait-elle pas aussi le nom d'un des maires qui se sont dévoués au bien-être de la ville de Douai, celui de Bommart, de Becquet de Mègille ou de Malotau ?

En reconnaissance de ses services, les électeurs municipaux de Douai ont nommé M. Maurice, conseiller municipal, lorsqu'il s'est démi des fonctions de Maire.

CHOQUE (1860).

CHOQUE (Emmanuel-Louis-Joseph), est né à Douai d'anciennes familles du pays, le 15 septembre 1806.

Il fit ses études classiques au Lycée de cette ville et celles de droit à Paris, où il fut reçu licencié et docteur en droit Après avoir exercé, avec distinction, les fonctions de notaire à Douai, sa ville natale, en 1845, le choisit pour son député Il ne fut pas réélu en 1846, mais en 1848, 191,875 voix le nommèrent représentant du peuple, le troisième sur la liste des 28 élus du département du Nord. Membre du comité des finances au Corps législatif , il y déploya des vues excellentes, et s'y signala par une grande aptitude aux affaires financières.

A la suite de l'élection du 10 décembre, il soutint, de son vote, la politique du gouvernement. Réélu le dix-huitième à l'assemblée législative, il fit partie de la majorité, qui vota la loi du 31 mai, et donna son appui à la politique de Louis-Napoléon. Après le 2 décembre, candidat du gouvernement au corps législatif, il fut élu par l'arrondissement de ı ouai et réélu aux élections de 1857.

Lors de l'emprunt, fait par la ville de Douai, en 1855, M. Choque fut, au corps législatif, le rapporteur choisi à cet effet.

Il est membre du conseil général du département du Nord depuis 1839.

Au mois d'août 1860, il a été nommé par l'Empereur Maire de la ville de Douai.

Quoique la retraite volontaire de M. Maurice excitât, dans la cité, un vif sentiment de regrets, la nomination de M. Choque fut accueillie avec une complette satisfaction par la grande majorité de la population, qui la lui a témoignée, en l'élisant immédiatement et presque à l'unanimité des suffrages, membre du conseil municipal.

Dans ce même mois d'août 1860, l'Empereur,

voulant récompenser ses services l'a décoré de l'étoile de la Légion d'Honneur.

M. Choque jouit à Douai d'une juste et populaire considération.

LISTE

DES ADJOINTS AU MAIRE DEPUIS 1800.

DELVAL-LAGACHE, ancien administrateur du départe-
tement.

DURAND-D'ELECOURT, père, ancien conseiller au
Parlement.

DUBOIS DE NÉHAUT, ancien commissaire des guerres—sous-intendant militaire.

DURAND D'ELECOURT, depuis conseiller et député.

PAIX-MIDI, propriétaire.

MELLEZ-DEFAULX, brasseur.

LEBOUCQ DE TERNAS, ancien sous-préfet.

GANTOIS-DERVAUX, négociant.

GRONNIER, docteur en médecine.

BOIS (Constant), négociant.

DELVAL-CAMBRAY, propriétaire.

STIÉVENART, notaire.

LEQUIEN, docteur en médecine.

DESMOUTIERS fils, propriétaire.

PELLIEUX, avocat.

PINQUET, brasseur.

BAGNÉRIS fils, docteur en médecine.

ASSELIN, propriétaire.

———————

Inutile de rappeler les noms des adjoints qui sont devenus maires.

TABLE.

V. ADAM imprimeur A DOUAI.

www.ingramcontent.com/pod-product-compliance
Lightning Source LLC
Chambersburg PA
CBHW070916280326
41934CB00008B/1741